OBSERVATIONS

SUR

LE PROJET DE LOI RELATIF A LA LISTE CIVILE,

PRÉSENTÉ PAR LE PRÉSIDENT DU CONSEIL,

A LA CHAMBRE DES DÉPUTÉS,

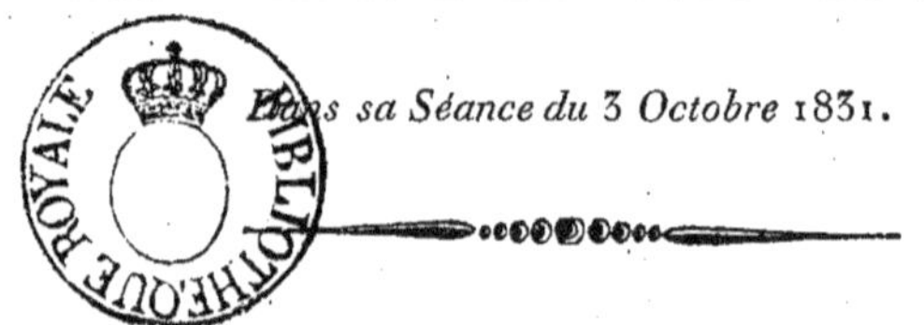

Dans sa Séance du 3 Octobre 1831.

§. I.

Idée générale de ce que doit contenir l'exposé des motifs d'une loi portant fixation de la Liste civile.

La loi portant fixation d'une liste civile, n'a besoin que d'un seul article ; et l'exposé de ses motifs ne saurait manquer de méthode et de simplicité, sans exciter la plus pénible méfiance. Revue fidèle des divers services de la Maison du Roi, appréciation de leur dépense, calculée dans un esprit également éloigné d'une parcimonie indigne d'un grand peuple et d'une ruineuse et servile prodigalité ; voilà tout ce que des Ministres devraient mettre dans l'exposé des motifs d'un projet de loi qui aboutit, en dernière analyse, à cette proposition : « Vous le voyez, le trône a besoin de tant ; » nous vous demandons tant. »

A

§. II.

L'exposé présenté à la Chambre ne remplit, en aucune façon, cette idée.

Cette simplicité lucide, qui aurait mis la question au niveau de tous les esprits, de toutes les consciences, n'a pas convenu aux auteurs du projet de loi. Ils ont conçu un exposé de motifs très-peu clair, très-peu méthodique, entièrement vide de résultats arithmétiques, et dans lequel, en revanche, ils ont promené, à plaisir, leurs auditeurs, sur divers objets tout-à-fait étrangers à la liste civile proprement dite. On y remarque même, avec surprise, la résurrection des *apanages réels*, si énergiquement frappés de mort par un des plus célèbres décrets de l'Assemblée constituante, et que la loi du 8 novembre 1814 n'avait pas songé à exhumer. Du reste, tournant court sur la fixation de la liste civile, c'est-à-dire sur la substance même de la loi qu'ils demandent, éludant, par une maladroite précaution oratoire, la nécessité qui semblait indispensable de faire, à cet égard, une proposition : « Ce serait, ici, Messieurs, » (ont-ils dit) ; ce serait le lieu d'apprécier toutes ces charges » réunies (on verra, dans les deux paragraphes suivans, ce qu'on » doit penser de ce qu'ils présentent comme des charges !) et d'en » conclure qu'elle est la somme nécessaire pour constituer la liste » civile. Notre premier dessein était de vous présenter cette évalua-» tion et de suivre, en cela, l'exemple qui nous avait été donné dans » la session précédente. Mais, après avoir consulté une haute vo-» lonté, nous avons dû nous en abstenir. Nous n'aborderons » donc pas cette question, Messieurs, vous laissant le soin, non-» seulement de la résoudre, mais de la poser. » (P. 5 et 6 de *l'Exposé des motifs*). Ce langage est très-poli, peut-être : car c'est dire, en bon français, « nous ne taxons pas les honnêtes gens. » Mais encore, faudrait-il que ces honnêtes gens fussent mis à portée de savoir ce qui peut, de leur part, motiver une évaluation quelconque. Car, d'un côté, ce n'est pas du leur qu'ils disposent ; et, d'un autre côté, est-il bien sûr qu'ils se résignent à en prendre, seuls, la responsabilité ?

§. III.

La jouissance usufruitière des Domaines de la Couronne, loin de pouvoir être une charge pour la Liste civile, ajoutera une somme immense à son revenu.

Le premier objet, visiblement étranger à la Liste civile , dont les auteurs de *l'Exposé des motifs* ont compliqué leur projet de loi, est la dotation tant *mobilière* qu'*immobilière* de la Couronne : et, ce qu'il y a de vraiment curieux, c'est que ce magnifique accessoire des jouissances royales est transformé , dans l'exposé des motifs, en charge onéreuse, et n'est, par conséquent, présenté que comme considération propre à élever le chiffre de la Liste civile !.... Il devient nécessaire de s'entendre , avec un peu de bonne foi, sur une asser-tion qui serait , au moins, très-paradoxale , si elle n'était pas le contraire de la vérité.

Parlons d'abord de la dotation *mobilière : pierreries , tableaux, statues, livres, médailles*..... Il est évident que les frais de conser-vation , seuls frais dont ces objets précieux soyent susceptibles, ne peuvent pas être d'une importance bien majeure. Et puis , on a dû les prendre en considération dans l'appréciation à faire (comme on l'a déjà dit) des élémens qui constituent les divers services de la Maison du Roi. Mais c'est là, précisément, ce qui manque à *l'Ex-posé des motifs* de la loi proposée.

A 2

(4)

A l'égard de la dotation *immobilière* : *palais*, *bâtimens*, *domaines ruraux*, *foréts*,....., qui donc pourra jamais croire que les frais d'exploitation et d'entretien en absorbent les produits à tel point, qu'on ait eu le droit de dire, avec quelque vérité, que : « c'est » donc une charge et non pas un revenu qu'on procure à la royauté, » en lui donnant les Domaines de la Couronne ? » (P. 4 de *l'Exposé des motifs.*)

Il est hors de doute, et personne ne niera que les palais et bâtimens qui seront affectés à la Couronne, doivent entraîner des frais considérables d'entretien et de réparation.

Heureusement, pour se faire une idée exacte de cette dépense, il existe des budjets annuels des bâtimens royaux.

L'examen de ces budjets, fait avec une critique consciencieuse, doit apprendre ce qu'il en coûtera annuellement pour cette dépense.

Bien entendu qu'on aura soin d'en déduire tout ce qui, dans ces budjets, s'appliquait aux nombreux édifices qui faisaient partie de la précédente dotation de la Couronne, et qu'on propose, très-ingénieusement, de distraire de la dotation nouvelle; édifices dont on peut voir la nomenclature à la suite de *l'Exposé des motifs* (p. 19 et 20) et dont on porte la valeur capitale à 10,330,000 fr.

Cette habile distraction de bâtimens non productifs et simplement coûteux, est, au surplus, la seule qu'on se propose de faire subir à la dotation nouvelle : et celle-ci comprendra, comme de raison, TOUS les domaines productifs (fermes et forêts) dont se composait l'ancienne.

L'Exposé des motifs, qui ne s'exprime jamais que par approximation, affirme que : « le revenu des bois, terres, corps de fermes, » qui forment la partie productive des domaines de la Couronne, » s'élève actuellement à 3,500,000 fr., *environ.* » (P. 3.)

Ici , quelques explications peuvent devenir utiles.

Sous les précédens règnes , les princes faisaient , au plaisir de la chasse , de larges concessions et d'immenses sacrifices.

Deux conséquences en résultaient :

1°. L'entretien et l'énorme multiplication du fauve empêchaient de porter, à leur véritable valeur, les locations des domaines ruraux qui, tous, sont voisins des forêts, ou même enfermés dans leur enceinte. Telle ferme dont la valeur locative sera, aujourd'hui, de 24,000 fr. , ne se louait pas le tiers de cette somme ; et souvent, encore , le fermier venait , malgré les précautions de son bail, demander des indemnités pour dégâts, indemnités qu'une administration paternelle ne savait pas toujours refuser. On conçoit tout ce que la suppression, ou, du moins, l'extrême atténuation des chasses, et, surtout, une administration plus bourgeoise, vont ajouter de valeur à ces domaines ruraux...... dont il est à regretter que *l'Exposé des motifs* ne présente aucune sorte d'évaluation.

2°. Il est certain que les forêts de la Couronne contiennent de 69 à SOIXANTE-DIX MILLE hectares de bois.

On ne coupait par an, que 1,200 hectares, au plus, par la double raison que les entreillagemens des coupes, nécessités par le service si exigeant des chasses , eussent entraîné des dépenses trop considérables, et que, d'ailleurs, ces entreillagemens eux-mêmes, s'ils eussent été plus multipliés, auraient contrarié le développement des chasses-à-courre.

Et toutefois, ces 1,200 hectares, à raison de 3,000 fr. la coupe d'un hectare , produisaient un revenu annuel de 3,600,000 fr.

Qu'on aménage , aujourd'hui (et Dieu sait si on y manquera !), qu'on aménage ces 70,000 hectares à 20 ans ; on aura 3,500 hectares à couper par an, c'est-à-dire, un produit annuel de DIX MILLIONS CINQ CENT MILLE FRANCS.

Il existe, d'ailleurs, dans les futaies des forêts royales, un très-grand nombre d'arbres séculaires, que la coignée a respectés depuis un temps immémorial. La beauté de ces géans des forêts est tellement prodigieuse, que des marchands qui spéculent en bois propres à l'industrie ont offert à la précédente administration des Domaines de la Couronne, de payer 1,000 fr. par chaque pied de chêne, qu'on leur permettrait de choisir dans la forêt de Fontainebleau !

Qu'on juge, en présence de pareilles richesses, ce que l'abandon des forêts royales produira, dès demain, à leur nouveau possesseur,.... lorsqu'elles seront exploitées avec cette intelligence et cette application qui, de notoriété publique, ont toujours présidé au gouvernement de ses affaires !......

Et qu'on se demande si les auteurs de *l'Exposé des motifs* ont pu dire que : « ce soit une charge, et non pas un revenu qu'on » procure à la royauté, en lui donnant les Domaines de la Cou-» ronne!.... »

§. IV.

La caisse de vétérance ne peut pas être et n'est pas une charge
de la Liste civile.

Un autre objet dont les auteurs de *l'Exposé des motifs* ont encore compliqué leur projet de loi, est la *Caisse de vétérance*, institution tout-à-fait excentrique et indépendante, non-seulement de la Liste civile future, mais même des Listes civiles passées ,...... et que, cependant, on présente comme charge obligée de la Liste civile qu'on demande.

On lit, à cet égard, page 5 de *l'Exposé* : « Ajoutons, enfin, que » c'est à la Liste civile, aussi, que nous devons demander de pour-

» voir au service de la Caisse dite de vétérance, sur laquelle repo-
» sent les pensions d'anciens serviteurs des divers pouvoirs qui se
» sont succédés depuis 40 ans. Leurs droits ne peuvent être con-
» testés; car ils sont fondés sur des retenues opérées sur leurs ap-
» pointemens. La somme de ces pensions s'élève, par an, à plus
» d'un million. — Vous le voyez donc, Messieurs, avant de pou-
» voir disposer de la moindre partie des revenus que vous lui assu-
» rerez, la Couronne doit prélever une somme considérable pour
» faire face aux charges qui lui sont imposées..... »

Il n'y a guères, dans ce passage de l'*Exposé des motifs*, qu'une
seule chose de vraie : c'est que *la propriété* des ayans-droit à la
Caisse de vétérance, ne peut être contestée. Du reste, ce passage
contient presque autant d'erreurs que de mots.

Et d'abord, pourquoi donc les auteurs de *l'Exposé des motifs*
disent-ils qu'ils *doivent* demander à la Liste civile future le paye-
ment des pensions dues aux fonctionnaires des Listes civiles passées ?
Qu'y a-t-il de commun, de solidaire, entre l'une et les autres ? N'est-
il donc pas de l'essence de toute Liste civile, et n'a-t-il pas été
constitutionnellement établi en 1830 comme en 1814, que : « la
» Liste civile, votée par la première législature qui suit l'avéne-
» ment du Roi régnant, est indépendante et affranchie de toutes les
» charges de celle du Roi, son prédécesseur ? » Et cela cesserait-il
d'être vrai quand il y a changement, non pas seulement de Roi,
mais de dynastie ?... Comment, alors, ne s'est-on pas avisé qu'en
disant à la Chambre des députés : «*Nous devons aussi demander,...*»
on lui tenait un langage sciemment inconstitutionnel, et qu'elle a
trop de lumières pour accueillir une pareille déception ?

Pourquoi, d'ailleurs, parler avec une exagération et une sensi-
bilité calculées, *de ces pensions d'anciens serviteurs des divers
pouvoirs qui se sont succédés depuis* 40 *ans* ?... Non : la caisse de

vétérance ne remonte pas à 40 ans ; elle n'avait, au mois d'août de
l'année dernière, que seize années d'existence ; et les auteurs du
projet de loi le reconnaissent, en toutes lettres, par l'art. 10 de
leur projet même. Cette caisse n'a été créée que par l'ordonnance
royale du 3 décembre 1814, en vertu (comme ils le disent) de
l'art. 17 de la loi du 8 novembre précédent ; or, l'ordonnance,
comme la loi, répugne à tout effet rétroactif.

Enfin, peut-il être vrai que *la somme des pensions à la charge
de cette caisse s'élève, par an, à plus d'un million ?...,* La chose
est impossible...., et en voici la preuve :

La loi du 8 novembre 1814, art. 17, avait dit : « Les pensions
» de retraite, accordées pour service dans la maison civile du Roi,
» ne subsisteront, après son décès, qu'autant qu'elles auront été
» établies sur un fonds formé, à cet effet, par des retenues sur le
» traitement des employés : auquel cas, ce fonds sera placé sous
» l'administration et la responsabilité du Ministre de la maison du
» Roi, et ne pourra recevoir d'autre affectation. »

C'est pour l'exécution de cette loi, que, le 3 décembre 1814, le
Roi Louis XVIII a rendu l'ordonnance constitutive de la caisse de
vétérance, ordonnance qui stipule, en termes exprès, que « cette
» caisse sera administrée, *en toute indépendance de la liste ci-*
» *vile.* »

A quel titre donc, pour le dire en passant, à quel titre ceux qui,
depuis le mois d'août de l'année dernière, se sont appelés *commissaires de la Liste civile* (commissaires d'une Liste civile qui est encore à voter !...) ont-ils pu croire qu'ils eussent mission et caractère pour disposer de cette caisse, pour s'attribuer juridiction sur
ses propriétaires, pour s'ériger en ordonnateurs de ses deniers ?...
Et cela, bien long-temps avant la loi qu'ils proposent aujourd'hui,
seulement !.... loi qui ne sera jamais rendue dans les termes où ils

la sollicitent , si le droit sacré de propriété n'est pas devenu , en France , un mot vide de sens (1).

---

(1) La fureur d'innover , et surtout la soif des places (cause et produit de toute révolution) , ont, au mois d'août de l'année dernière, fait commettre une école, en administration, qui pourra coûter cher à l'Etat.

Au moment où tombait le trône de Charles X, tombait aussi sa Liste civile, et expirait , à la fois, sa jouissance usufruitière des biens formant la dotation *immobilière* de la couronne.

L'Etat pouvait reprendre, à l'instant même , et réunir à l'administration de ses propres domaines, celle des biens dont se composait cette dotation *immo-bilière.*

Quant à la Liste civile proprement dite , c'était une affaire entièrement distincte : cette Liste civile avait nécessairement un actif et un passif , et elle ne devait plus subsister que pour sa liquidation.

A la tête de son administration, avait été un intendant général , et voilà (sauf l'adjonction d'un commissaire du nouveau gouvernement, si on le jugeait convenable), voilà celui qui, tout naturellement, devait être son liquidateur.

Et, si l'on eût ainsi procédé, il n'y aurait eu aucune espèce d'immixtion de l'Etat , ni de ses agens, dans les biens, dans les valeurs de l'ancienne Liste civile , et, par conséquent, aucune sorte de prétexte, en faveur de ses créanciers , à la prétention d'avoir l'Etat pour débiteur.

Au lieu de cela , deux employés inférieurs de l'administration de l'ancienne Liste civile (MM. Empis et Barante) se sont empressés de s'offrir, comme commissaires provisoires de la Liste civile , et ils ont été acceptés.

Bientôt, on a pensé qu'ils devaient céder le terrain à des personnages plus importans : MM. Montalivet, Schonen et Duvergier de Hauranne.

Mais la faute était faite, ses conséquences n'ont pas été arrêtées à temps : l'Etat s'est immiscé; les choses ne sont plus entières; et on ne pouvait plus désormais, sans injustice, refuser de mettre à la charge de l'Etat les résultats quelconques de la liquidation de l'ancienne Liste civile. C'est, effectivement , ce qui a été proposé dans le rapport fait par M. Thil, à la dernière session, le 12 février 1831.

D.

Poursuivons :

Le fonds de la caisse de vétérance a dû , suivant l'ordonnance du 3 décembre 1814, se composer :

1°. D'une retenue de 3 p. 100 sur les traitemens ;

2°. De l'attribution d'un demi p. 100, sur tous les payemens faits par le trésor de la Liste civile ;

3°. Du produit de la mise en vente de tous les objets de service détériorés par l'usage, et non susceptibles d'être remis en consommation.

Voilà les divers élémens des recettes de cette caisse.

Quant à ses dépenses , elles n'ont été, elles n'ont pu être que les pensions à liquider , d'après les bases qu'établissait l'ordonnance elle-même.

Or, suivant l'ordonnance , nul n'a pu avoir droit à pension , qu'autant qu'après avoir subi la retenue proportionnelle sur son traitement , il se sera trouvé dans l'un des deux cas suivans :

1°. 30 années de service , ou 25 années de service et l'âge de 60 ans.

2°. 10 années de service, dans l'hypothèse , assurément très-rare , soit d'infirmités survenues , soit de suppression de l'emploi.

Qu'on daigne, actuellement, se faire une idée de l'énorme capital qui devrait se trouver sous la serrure de la caisse de vétérance , lorsqu'il est clair , comme le jour , que , de 1814 à 1824 (car dix années étaient le terme le plus rapproché où le droit légal à une pension pût être ouvert), cette caisse n'a pu que recevoir et capitaliser , sans avoir un sol à dépenser !

« Et qu'on se demande si , à moins de malversation , il est possible
que « les pensions à la charge de cette caisse s'élèvent à plus d'un
» million ? »

Serait-il vrai , au surplus , que des détournemens de deniers
eussent eu lieu ; que des liquidations illégales et arbitraires de pensions eussent été faites , hors des limites de l'ordonnance ? Serait-il
vrai que ce fût par suite de mauvaise gestion , que le fonds de cette
caisse ne consisterait aujourd'hui (comme on le dit à l'oreille) , que
dans une inscription sur l'Etat de 176,000 fr. de rente, insuffisante
(dit-on) pour faire face au service des pensions dues ?....... Le re-
mède serait, et dans le droit commun, et dans la prévoyance de la loi
spéciale , qui a statué que le fonds de la caisse de vétérance serait
placé sous l'administration, mais , aussi, sous la *responsabilité* du
Ministre de la maison du Roi.

Et de là , 1°. action en réduction des pensions , et même en restitution contre les pensionnaires de faveur ; 2°. action *facultative*
en responsabilité , contre l'ordonnateur qui aurait été infidèle à sa
mission et à ses devoirs.

Mais, dans tous les cas, qu'ont de commun ces diverses questions
avec l'objet réel de la loi qu'on propose? Et par quelle affinité, la caisse
de vétérance riche ou pauvre, la caisse de vétérance bien ou mal administrée, se rattache-t-elle, soit à la Liste civile qu'il s'agit de voter,
soit même à la Liste civile qui a pris fin au mois d'août de l'année
dernière ?

Il faut donc, à moins de nier l'évidence, il faut reconnaître que la
caisse de vétérance est une affaire à part, une affaire qui ne con-
cerne que ceux qu'elle intéresse ; qu'eux seuls ont le droit de véri-
fier leur situation , d'interroger l'administration des ordonnateurs
successifs de cette caisse , et d'exercer , *dans la mesure qu'ils juge-*

ront convenable, les actions en responsabilité ou en restitution ; qui dérivent, à leur profit, soit de la loi spéciale de la matière, soit des principes généraux du droit.

Il reste donc démontré que le million dont, très-gratuitement sans doute, on prétend que cette caisse est grevée, ne peut pas servir de prétexte pour élever le chiffre de la Liste civile future ; — tout comme il a été démontré que ce ne sera pas une charge, mais un revenu très-important qu'on procurera à la royauté, en lui donnant les domaines de la couronne.

§. V.

L'article 10 du projet de loi serait une véritable spoliation de la propriété des ayans-droit au fonds de la caisse de vétérance.

Tout ce qu'on vient de lire a été écrit dans la seule contemplation des intérêts généraux de l'Etat.

Mais l'intérêt si légitime des ayans-droit au fonds de la caisse de vétérance ouvre carrière à des idées d'un autre ordre : et la Chambre des députés est, tout à la fois, trop éclairée et trop juste, pour ne pas apercevoir et appliquer ces idées. ¡

L'article 10 du projet de loi, qu'on lui propose, est ainsi conçu :

« La Liste civile recueillera toutes les valeurs appartenant à la caisse
» des retraites, dite de vétérance, créée en vertu de l'art. 17 de la
» loi du 8 novembre 1814, et elle restera chargée d'acquitter les
» pensions qui sont ou seront liquidées à la charge de cette
» caisse. »

Il y a bien des choses à remarquer sur cet article.

1°. Ce qu'il contient de plus clair, c'est que la Liste civile future va, d'abord, faire main-basse sur l'inscription de 176,000 fr., c'est-à-dire, réaliser, dès le lendemain de la loi, un capital d'environ TROIS MILLIONS ET DEMI....; et voilà ce que les auteurs de *l'Exposé des motifs* auraient dû, ce semble, ne pas laisser sous le nuage.

2°. Les détournemens de fonds, les liquidations arbitraires ou de faveur, qui ont pu avoir lieu, reçoivent, au mépris de la loi de 1814, au mépris de tous les principes du droit, au mépris de tous les intérêts les plus légitimes et sans leur adhésion, un *bill* irrévocable *d'indemnité*.

3°. Les pensionnaires à liquider restent à la merci de la Liste civile future ; et comme, d'un côté, les liquidations administratives n'admettent aucune des garanties qu'offrent les tribunaux, comme, d'un autre côté, la Liste civile future aura le plus grand intérêt à atténuer ses charges, il s'ensuivra qu'elle sera juge et partie dans cette liquidation, et que, par la plus immorale combinaison, le créancier sera mis à la discrétion de son débiteur, après avoir été préalablement dépouillé de son gage.

Tel est donc, en dernière analyse, le projet de loi qu'on a le courage de proposer ! !.....

S'il était permis aux propriétaires du fonds de la caisse de vétérance de faire entendre leurs voix à la barre de la Chambre des députés (et pourquoi non ? car c'est d'une question de propriété privée qu'il s'agit ici), que répondraient les auteurs du projet de loi à ces propriétaires qui leur diraient :

« Nous formons, en vertu du droit de propriété, nous formons à
» votre projet de loi, une opposition solennelle....., une opposition
» qui aurait été inutile, si les commissaires de la Liste civile eus-

» sent répondu, autrement que par un dédaigneux silence, à nos
» légitimes réclamations.

» Informés, dès l'année dernière, du projet spoliateur, beaucoup
» d'entre nous se sont assemblés en l'étude de M. Poignant, notaire
» à Paris. *Ils s'y sont formés en corps d'union provisoire, par acte
» public du 27 novembre 1830 ;* ils ont, par le même acte, élu,
» dans chacune des classes qui les différencient, des mandataires
» pour l'exercice de leurs droits.

» *Ces mandataires ont écrit, le 4 décembre suivant, aux com-
» missaires de la Liste civile,* pour les avertir de l'usurpation fla-
» grante qu'ils commettaient envers les propriétaires du fonds de
» la caisse de vétérance; — pour manifester hautement, au nom
» de leurs commettans, l'intention de pourvoir enx-mêmes à la
» conservation de leurs intérêts; — *pour demander, au moins, à
» connaître leur situation.*

» Point de réponse de ces commissaires;.... et, le 15 décembre,
» onze jours après notre lettre, le projet de loi est tombé au milieu
» de la dernière session! Et, toujours sans nous avoir rien répondu,
» on le reproduit aujourd'hui!

» Et nous avons même acquis la certitude que, sans caractère,
» comme sans mission, ces commissaires se sont permis d'élire,
» parmi nous (*qui, tous avons le même droit, puisque tous, nous
» avons, en commun, la même propriété*) un certain nombre de
» privilégiés, qu'ils ont liquidés, qu'ils ont même fait payer (sur
» quels fonds?....) sans daigner s'occuper des autres!

» Est-ce ignorance? — Est-ce, de la part d'administrateurs im-
» provisés, mais duement avertis, orgueilleuse impatience de toute
» contradiction? Est-ce inexplicable mépris de droits évidens, de

(15)

» droits qu'ils déclarent eux-mêmes, ne pouvoir pas être contestés?
» ..... Nous laisserons à d'autres le soin de résoudre ces ques-
» tions.

» Mais nous dirons aux Députés de la France : Le fonds de la
» Caisse de vétérance, notre inscription de 176,000 fr., NOTRE
» CAPITAL DE TROIS OU QUATRE MILLIONS (si c'est, hélas !
» tout ce qui nous reste) est notre propriété.

» Personne, au monde, n'a le droit d'en disposer sans notre par-
» ticipation.

» On veut que ce fonds soit insuffisant pour l'entier exercice de
» nos droits : peut-être même, dira-t-on que ce que nous appelons
» spoliation, est un bienfait !.... Pourquoi donc ne s'est-on pas em-
» pressé de nous éclairer sur ce point ?

» Nous avions sollicité des lumières : on nous les a refusées !

» Nous croirons, jusqu'à démonstration contraire (car pouvons-
» nous changer de conviction sur des assertions intéressées?); nous
» croirons que le fonds de notre caisse, s'il a été légalement admi-
» nistré, doit suffire, et bien au-delà, à l'exercice de tous nos
» droits.

» S'il en est autrement, — si notre fonds a été mal gouverné,
» s'il a été grevé de pensions illégales ou de faveur, — si des actions
» en responsabilité ou en restitution, dont, seuls, nous avons le
» droit d'apprécier l'utilité ou la convenance, devaient être sans
» résultats, — si, par conséquent, il y avait intérêt pour nous à
» abandonner notre capital en échange d'une promesse, d'une
» garantie quelconque..... Que parlez-vous de loi ? Ce serait, alors,
» la matière d'un contrat à former, mais d'un contrat qui ne peut
» recevoir la vie que de notre adhésion, d'un contrat auquel nous

» ne pouvons adhérer (*et cela en pleine connaissance de cause*)
» qu'à deux conditions :

» 1°. Que notre inscription de 176,000 fr. sera inaliénable dans
» la main de la Liste civile future ;

» 2°. Que des mesures seront prises pour que nous ne subissions
» pas, dans la liquidation de nos pensions, la loi de ceux qui ont
» un intérêt visible à les atténuer, même à les annihiler, pour dimi-
» nuer leurs obligations. »

Voilà ce que les propriétaires du fonds de la Caisse de vétérance auraient le droit de dire aux auteurs du projet de loi, en présence des Députés de la France.

Et ceux-ci repousseraient, de toute leur indignation, le projet de loi. Car ils ne voudraient pas qu'on eût, dans l'avenir, le droit de dire, en parlant d'eux : « *Ils voulaient être libres ; et ils ne* » *savaient pas être justes !...*

Paris, le 1er. Novembre 1831.

Imprimerie PORTHMANN, rue Sainte-Anne, N°. 43.

www.ingramcontent.com/pod-product-compliance
Lightning Source LLC
Chambersburg PA
CBHW050749070726
47597CB00009B/4133